ECO E⌐ ⌐3

Umweltmanagement

ECO ECONOMICS

Umweltmanagement

Band 1

So schreiben Sie
mit grünen Ideen NACHHALTIG
schwarze Zahlen

Erstaunliche Erkenntnisse und
Ansichten zu den Umwelt-, Energie-
und Ressourcen Herausforderungen
des 21. Jahrhunderts

Olaf Holstein

Impressum

Titel: ECO ECONOMICS Umweltmanagement Band 1

Erstaunliche Erkenntnisse und Ansichten zu den Umwelt-, Energie- und Ressourcen Herausforderungen des 21. Jahrhunderts

Autor: Olaf Holstein

Lektorat: Renate Egger

Covergestaltung: Nehara – Creativlog & Tobias Blank

Bild: © Bigstockphoto.com

Copyright © 2015

Sachbuch Verlag

http://www.sachbuchverlag.com

207 Taaffe Place, Office 3A

Brooklyn, NY 11205, USA

Über das Buch

Welches sind die wichtigsten Fakten zu den Umwelt-, Ressourcen- und Energieherausforderungen der Gegenwart und der Zukunft?

Was gehört neben den finanziellen Aspekten in das Risikomanagement jeder Unternehmung und jedes Staates? Sind die Jahrzehnte alten Erfolgsmodelle der Unternehmungen und Industriestaaten in der nahen Zukunft gefährdet?

Die z.T. erstaunlichen Ausführungen in diesem Buch werden Ihnen auf verständliche Weise die wichtigsten Fakten zu den gestellten Fragen durchleuchten und aufzeigen. Es kann durchaus passieren, dass Sie sich über Ihre Zukunft mehr Gedanken mach werden oder müssen ...

Über den Autor

Olaf Holstein, Studium der Betriebsökonomie an der Hochschule für Wirtschaft in Bern, Diplomstudium zum Wirtschaftsfachlehrer an der Universität St. Gallen; Institut für Wirtschaftspädagogik.

Der Betriebsökonom FH und Wirtschaftsfachlehrer an der Universität St. Gallen blickt auf über zwanzig Jahre Dozententätigkeit in den Fächern Nachhaltiges Wirtschaften/Umweltmanagement, Finance, Controlling, Volkswirtschaftslehre, Internationale Wirtschaftsbeziehungen und Unternehmungsführung an verschiedenen Hochschulen zurück.

Die ökologisch bestimmte Unternehmungsführung ist seine Kernkompetenz. Die von ihm begleiteten Umsetzungen in den Unternehmungen unterstreichen seine Praxisnähe.

Inhaltsverzeichnis

1. Vorwort zur Bücherreihe

Werden Umweltschäden, Energieengpässe und massive Preiserhöhungen der wichtigsten Agrar- und Industrierohstoffe die Unternehmungen, Haushalte und Volkswirtschaften in der nahen Zukunft beschäftigen?

Was bringt es einer Unternehmung, wenn sie unabhängig ist von den wichtigsten Agrar- und Industrierohstoffen? Kann eine Unabhängigkeit von Rohstoffen (Ressourcen-Autarkie) ein erfolgreiches Geschäftsmodell der Zukunft für Unternehmungen, Haushalte und Volkswirtschaften sein? Wie kann eine Unternehmung diese Ressourcen-Autarkie (Unabhängigkeitsstrategie) erreichen? Wie kann eine solche Unabhängigkeitsstrategie in einer Unternehmung aussehen und umgesetzt werden? Gib es Unternehmungen, welche diese Strategie bereits erfolgreich umgesetzt haben?

Auf diese Fragen gibt diese Reihe von Kurzbüchern erste mögliche Antworten. Diese Antworten und weitere Inhalte gehören seit über einem Jahrzehnt zu einer Vorlesungsreihe aus Master- und Bachelor-Studienlehrgängen an Hochschulen und zu den Inhalten verschiedener Schulungen in Unternehmungen.

Die Bücherreihe umfasst bis jetzt folgende Kurzbücher:

- Grundlagen 1 – Gedanken und Fakten zu den Umwelt-, Energie- und Ressourcenherausforderungen der Zukunft (2015)
- Grundlagen 2 – Ansätze zur Entwicklung von neuen, „nachhaltigen" Geschäftsmodellen und Lösungsansätze in der Praxis (2015)

- Instrumente 1 – Umweltstrategie – Sustainability Balanced Score Card (SBSC) (2016)
- Instrumente 2 – SQS Umwelt-Managementsysteme (erscheint im Jahr 2016)
- Instrumente 3 – Finanzierung – Investitionsrechnung (erscheint im Jahr 2016)

Weitere Bände von anderen Autoren zu den Themen Umweltrecht, Umweltforschung, Ökodesign, Nachhaltiges Bauen sind in Planung und sollen ebenfalls in den Jahren 2015/2016 erscheinen.

Alle Bücher können über www.amazon.com / ITunes Buchtitel und ISBN-Nummer einzeln oder als Gesamtwerk heruntergeladen werden. Der Preis pro Band ist bewusst tief gehalten, damit die beschriebenen Ansätze von möglichst vielen Menschen aufgenommen und weiterentwickelt werden können. Die Bücher werden zur Unterstützung von diversen Modulen in Bachelor- und Masterstudiengängen in verschiedenen (Hoch-)Schulen eingesetzt und laufend ergänzt. Die Bücher eignen sich ebenfalls für das Selbststudium. Sie sind dazu eingeladen, dem Autor Rückmeldungen, Ergänzungen und Neuigkeiten mitzuteilen.

„Papa, ich habe keine Lust auf einem Planeten zu leben, der nur noch eine Vollglatze hat.“

Dieses Zitat meines damals fünfjährigen Sohnes war der Auslöser für mich, dass wir einiges ändern müssen in unserer Gesellschaft, in den Unternehmungen und in den einzelnen Haushalten. Für diese und andere Aussagen und die große Unterstützung möchte ich meinen beiden Kindern und meiner Frau herzlich danken.

Weiterer und besonderer Dank gehört Prof. Dr. Bio. Schmid-Bleek, dessen Ideen und Aufzeichnungen Inspiration für viele meiner Gedanken und Aussagen waren und mich in meinen Ansichten bestärkt haben. Bei folgenden Personen, welche mich auf meinem nachhaltigen Weg beeinflusst haben, möchte ich mich an dieser Stelle gerne bedanken: Hubert Rhomberg, Dr. Harry Lehmann, Dr. Markus Braun, Prof. Dr. Ulf Bülte, Peter Käser, Prof. Dr. Ernst von Weizäcker, Prof. Dr. Fritz Hinterberger, Rolf Kästli, Daniel Rohr und Andreas Dudas.

Weitere relevante Quellen für diese Bücherreihe finden sich in diversen Buchempfehlungen in den entsprechenden Textpassagen.

Veranstaltungen/Foren mit nachhaltigen Themen:

- www.spiritofbern.ch
- www.forumbernese.ch
- www.wrforum.org
- www.xing.com – Gruppe: Eco Economics
- www.xing.com – Gruppe: Drehscheibe Nachhaltigkeit
- www.xing.com – Gruppe: Alternative Energies and Sustainability
- www.xing.com – Gruppe: Nachhaltige Entwicklung
- www.phw-bern.ch/umweltmanagement

2. Vorwort zum Band 1 - Grundlagen I

Gedanken und Fakten zur Umwelt- und Ressourcenproblematik

In diesem Kurzband werden in einem ersten Block einige Gedanken zur Umwelt- und Ressourcenproblematik aus First Nations Kulturen und Lehrmeinungen aus der ganzen Welt aufgezeigt und beschrieben. In einem zweiten Block des Bandes folgen einige Fakten zur Umwelt- und Ressourcenproblematik.

„Eines Tages wird die Erde weinen, die Erde wird um ihr Leben flehen, die Erde wird Tränen (Regen) und Blut (Vulkane) weinen. Ihr werdet die Wahl haben, der Erde zu helfen oder sie sterben zu lassen, und wenn die Erde stirbt, sterbt ihr auch." (John Hollow Horn, Oglala Lakota, First Nation, 1932). „Die Wirtschaft ist ein Bestandteil der Umwelt (Natur) und nicht die Umwelt ist ein Bestandteil der Wirtschaft." (Holstein, 2006)

Viele Entscheidungsträger in Großkonzernen und politischen Gremien sind davon überzeugt, dass die Wirtschaft die Umwelt bestimmen und lenken kann. Dies kann kurzfristig (ein bis zwei Jahrhunderte), gemessen an der Lebensdauer des Planeten Erde, durchaus realisierbar sein. Diese geschilderte Tatsache löst folgende Fragen aus:

Wann hat die Menschheit damit begonnen, die Umwelt zu bestimmen?

==> Mit der Industrialisierung um 1900 begann die Zeitrechnung des rigorosen Abbaus der endlichen Rohstoffe mit sehr großen Einschnitten in die Umwelt.

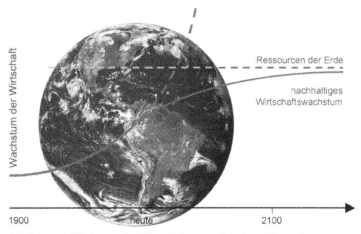

Abbildung 1: Wachstum der Wirtschaft - www.fairplay-stiftung.ch

Quelle: www.fairplay-stiftung.ch

Die Ausbeutung der natürlichen Ressourcen durch die Gesellschaften der Industriestaaten hat dazu geführt, dass die vorhandenen Ressourcen in Kürze nicht mehr ausreichen werden, um die steigenden Bedürfnisse nach eben diesen Ressourcen / Rohstoffen zu decken. Diese Aussage gilt es noch zu präzisieren. Die Vorräte dieser für die Wirtschaft wichtigen Agrar- und Industrierohstoffe sind noch enorm. Die Vorräte der sogenannten konventionellen Rohstoffe neigen sich aber in kurzer Zeit dem Ende zu. Somit müssen diese für die Wirtschaft nötigen Rohstoffe dem Boden und den Meeren aus immer größeren Tiefen entnommen werden. Diese Tatsache erhöht die Förderungskosten pro Einheit enorm, was wiederum den Preis für diese Rohstoffe in der nahen Zukunft massiv ansteigen lassen wird.

Die Schweizer Volkswirtschaft verbraucht ca. zweimal mehr Ressourcen als ihr aufgrund von Fläche und Bevölkerung

5

zustehen. D. h., jeweils im Juli eines Jahres ist die ihr zustehende Menge aufgebraucht.

Quelle: www.swisscleantech.ch

Wie lange benötigt die Umwelt als Reaktionszeit, um die Schäden, welche durch die Menschheit verursacht wurden, zu regenerieren bzw. zu reparieren?

==> **Beispiel:** Gewinnung von Ölsand oder Teersand im Tagbau in der kanadischen Provinz Alberta. Der Boden wird ca. 50 bis 60 Jahre, das Grundwasser und die noch nicht definierbaren, unterirdischen Umweltschäden werden mehrere hundert Jahre für die Regeneration benötigen.

www.commons.wikimedia.org/wiki/File:Syncrude_mildred_lake_plant.jpg

Was sind die zum Teil noch unbekannten Folgekosten dieser Regenerationsphase der Umwelt für die Menschheit?

==> Die Auswirkungen auf die Gesundheit und auf die Beschaffungskosten (Wasser usw.) sind nur sehr schwer abzuschätzen.

Wer bezahlt diese Kosten?

==> Es ist davon auszugehen, dass nicht die Verursacher (Inhaber, Geschäftsleitungen und Mitarbeiter der Großkonzerne) die anfallenden, zukünftigen Kosten für Umweltschäden, Bewirtschaftung des Sondermülls usw. zu bezahlen haben, sondern die regionalen bzw. nationalen Bevölkerungen bzw. Volkswirtschaften. Meistens trifft es erst die nachfolgenden Generationen, welche den größten Teil der anfallenden Folgekosten zu tragen haben werden.

Was wären die Konsequenzen für die Großkonzerne und Staaten, wenn sie die vollen Kosten (Vollkostenrechnung inkl. externer Effekte bzw. Kosten, Entsorgung usw.) bei der Förderung und Nutzung der einzelnen Rohstoffe bereits in der Vergangenheit hätten einrechnen müssen?

==> Die meisten dieser Rohstoffe wären nicht in diesem Maße gefördert worden und hätten nicht zu diesen (zu) tiefen Preisen auf dem Markt angeboten werden können.

Beispiel: Gewinnung von Kernenergie. Ein Berner Energiekonzern betreibt ein Kernkraftwerk und hat in den letzten 30 Jahren ca. 0,7 Mrd. CHF über Rückstellungen für den Rückbau des Kraftwerkes angehäuft. Die Kosten auf dem Markt für einen Rückbau betragen im Moment für ein solches Kernkraftwerk zwischen 12 und 17 Mrd. CHF.

www.20min.ch/schweiz/dossier/atomenergie/story/Zu-wenig-Geld-fuer-AKW-Rueckbau—20994149

www.future.arte.tv/de/thema/akw-rueckbau-zu-welchem-preis

Ein solcher Rückbau gilt aber weder als sicher noch als ökologisch verträglich. Weitere Folgekosten für Umwelt- und Gesundheitsschäden – verursacht durch die Rohstoffgewinnung, die Transporte, die Verpackung und die Entsorgung der für die Gewinnung der Kernenergie nötigen Rohstoffe Uran, Plutonium usw. – sind bei den genannten Rückbaukosten noch nicht eingerechnet. Diese beschriebene „nur" Teilbelastung (keine Rückstellung für die Entsorgung) der anfallenden Kosten führt dazu, dass der Preis für eine Kilowattstunde bei der erwähnten Vollkostenrechnung in den letzten 30 Jahren zwei- bis viermal höher hätte sein müssen und natürlich auch in der (nahen) Zukunft dementsprechend höher wäre. Was nicht wirklich beruhigend ist, ist, dass bei der alternativen Stromgewinnung (Solar, Wind, Erdwärme usw.) zum Teil die gleichen Fehler gemacht wurden und werden, wie bei der Entwicklung und Nutzung der fossilen Energiegewinnung.

Ein Zitat von Albert Einstein hat für dieses Phänomen bei den neuen Technologien (Solar, Wind usw.) eine Erklärung:

„Die Probleme, die es in der Welt gibt, sind nicht mit der

gleichen Denkweise zu lösen, die diese erzeugt haben."

Unter diesem Ansatz ist es nicht verwunderlich, dass die neuen Technologien (Beispiel: Solartechnologie) in den meisten Fällen nicht wirklich mit den Vollkosten (Beispiel: Entsorgung der einzelnen Substanzen in den Solarpanels, Transporte usw.) berechnet werden. Weiter ist es nicht verwunderlich, wenn bei „neuen" Technologien die gleichen Fehler wie bei der fossilen Energiegewinnung gemacht werden.

Beispiel: Die Gewinnung und Entsorgung von Silizium verfügt nicht wirklich über eine lobenswerte Ökobilanz.

Bemerkung: Anstelle des Beispiels „Kernenergie", die nur zu Teilkosten auf den Märkten angeboten wird, hätten auch die meisten weiteren Agrar- und Industrierohstoffe als Beispiele aufgeführt werden können.

3. Entwicklung und Gestaltung der Weltwirtschaft

Wie hat sich die Weltwirtschaft in den letzten Jahren entwickelt? Stellen Sie sich vor, Sie leben im Jahre 1946 und haben von der Weltregierung folgenden Projektauftrag erhalten:

- Wie erreichen Sie, dass 0,1 % der Weltbevölkerung die Wertschöpfung von über 50 % des Welt-Bruttosozialprodukts (BIP) einnehmen? Erstrebenswert bei dieser „gerechten" Verteilung der Wertschöpfung wäre zudem, dass

- die Umweltverschmutzung des erarbeiteten BIPs zwingend Auswirkungen hat auf den Gesundheitszustand der gesamten Menschheit!

- der Anteil der Wüsten auf der Erde sich zwingend verfünffacht!

- der Anteil der nuklear verstrahlten Gebiete auf der Erde als Minimum die zehnfache Fläche der Schweiz umfassen muss!

- die Humusschicht der Böden weltweit immer mehr verdichtet, übersäuert und verunreinigt wird!

- die Weltmeere zwingend ausgefischt, übersäuert und verschmutzt werden!

- mindestens 20 % der Weltbevölkerung an Hunger leiden oder daran sterben!

- 95 % der Weltbevölkerung unbedingt von den restlichen 5 % der Weltbevölkerung abhängig sein sollen!

- die Selbstmordrate weltweit stark zunimmt!

- die chronischen Krankheiten in menschlichen Organen weltweit ebenfalls stark zunehmen!

- immer weniger Menschen immer mehr und immer mehr Menschen immer weniger besitzen!
- die endlichen Ressourcen der Erde unbedingt aufgebraucht werden müssen!

Zusammengefasst: Der Mensch muss gegenüber der Umwelt / Natur als Schädling auftreten und sich zwingend seiner Existenzgrundlagen berauben! Nun könnte es sein, dass Sie diese Aufgabenstellung als Schwachsinn betrachten. Es könnte aber auch sein, dass Sie diesen Auftrag mit dem heutigen Zustand der Weltwirtschaft und der Umwelt vergleichen.

Wenn Sie den Auftrag mit der heutigen Weltwirtschaft vergleichen, stellen Sie mit größter Wahrscheinlichkeit fest, dass der fiktive Auftrag durch die Menschheit bzw. durch die Weltwirtschaft nicht so schlecht erfüllt, bzw. zum Teil übererfüllt wurde oder wird. „Erst wenn der letzte Baum gerodet, der letzte Fluss vergiftet, der letzte Fisch gefangen ist, werdet ihr feststellen, dass Geld nicht essbar ist." (Weisheit First Nation, Cree)

4. Wohlfahrt – Interpretation in den Industrieländern

Die beschriebene Entwicklung in Kapitel 3 wird auch in der Interpretation der „höher" entwickelten Volkswirtschaften bei der Definition des Begriffes „Wohlfahrt" ersichtlich. In der Lehre der Volkswirtschaft ist der folgende Theorieansatz weit verbreitet:

Wohlfahrt = Lebensqualität

Diese Lebensqualität umfasst gemäß den volkswirtschaftlichen Lehrmeinungen die folgenden Komponenten:

* Wohlstand (Besitz von materiellen Gütern)
* Gesundheit
* Freiheit
* technischer Fortschritt
* Gerechtigkeit

In den Industriestaaten (sog. „höher" entwickelten Volkswirtschaften) definiert der größere Teil der Bevölkerung seine Wohlfahrt (Lebensqualität) über die materiellen Werte (Wohlstand) und den Zugang zum technischen Fortschritt.

Mögliches Idealbild einer maximalen Optimierung der Wohlfahrt eines „fortschrittlichen" Menschen:

* eine Position im obersten Kader einer internationalen Unternehmung
* der Lohn sollte mindestens um Faktor 5 größer sein als für den Lebensunterhalt benötigt wird
* ein möglichst großes Eigenheim
* mehrere Ferienwohnungen
* zwei Wochen Ferien auf den Malediven
* zwei Autos usw.

Das ständige Streben nach Maximierung und Optimierung des Wohlstandes führt in vielen Fällen zu einer Überlastung der Umweltsysteme und der betroffenen individuellen menschlichen Gesundheitssysteme, dies wiederum führt zu einer massiven Erhöhung der Gesamtgesundheitskosten.

Hierzu kann ich zwei Buchempfehlungen geben, welche die beschriebenen Themenfelder detailliert beleuchten:

Die Tretmühle des Glücks – Matthias Binswanger (Binswanger, 2006) – ISBN-13: 978-3451058097

Aus dem Gleichgewicht – Markus Braun (Braun, 2008) www.umweltforschung.ch

5. Die kurzfristigen Entscheidungen dominieren

In den letzten 100 Jahren wurden die relevanten Entscheidungen für Unternehmungen in der Weltwirtschaft vor allem durch die immer kurzfristigeren Umsatz- und Gewinnmaximierungen dominiert. Der gesteigerte Quartalsgewinn und –umsatz führt im Normalfall zu markanten, kurzfristigen Kursgewinnen des Aktienwertes der entsprechenden Unternehmungen, was wiederum die Rendite der Kapitalgeber (Shareholder) massiv erhöhen kann.

Durch weitere Innovationen – den virtuellen Wertpapieren (Derivate, Futures, Hedge Funds usw.) – an den Finanzmärkten und im Bereich ICT (Information and Communication Technology) in den letzten 20 Jahren, wurde dieses sehr kurzfristige Denken noch weiter verstärkt, was wiederum den Spekulationsanteil bei den Kursentwicklungen in die Höhe schnellen lassen und somit wiederum die Handelsumsätze an den Finanzmärkten drastisch erhöhen kann.

Diese Entwicklungen führten dazu, dass auf einen real gehandelten Warenwert von 1,00 CHF im Welthandel in der gleichen Zeit nicht selten virtuelle Kapitalmarktverschiebungen (Devisen, Aktien, Optionen usw.) von mehreren tausend CHF (bis zu 15.000 CHF) erfolgten.

Quelle: Internationale Wirtschaftsbeziehungen, 2006, www.swissquote.ch

Die nachstehende Keynote zeigt den Zusammenhang zwischen der realen Wirtschaft und den Kapitalmarktverschiebungen.

Die Spekulanten der Kapitalmärkte und die Manager der Unternehmungen sind nicht ganz uninteressiert an diesen aktuellen Missverhältnissen zwischen realer Wirtschaft und den virtuellen Kapitalmarktverschiebungen, da diese Kapitalverschiebungen kaum international geltenden Gesetzen unterworfen sind. Wieso sind die Manager von internationalen Großkonzernen daran interessiert?

Der 2010 verstorbene Schweizer Unternehmer Nikolas G. Hayek Senior unterteilte die Entscheidungsträger in der Wirtschaft in **Unternehmer** und **Manager**. Der Zusammenhang zwischen der realen Wirtschaft und den Bewegungen an den Devisenmärkten (siehe Keynote) spiegelt sich in dieser Aussage relativ klar wieder. Die **Manager** denken maximal von einem Quartalsabschluss zum nächsten und an die Optimierung des Quartalgewinnes, des Quartalumsatzes und ihres persönlichen (Umsatz-)Bonus.

Die **Unternehmer** machen sich laufend Gedanken zum langfristigen Überleben der Unternehmung, sodass die Unternehmung ohne „Altlasten" an die nächsten Generationen übergeben werden kann. Der **Unternehmer** ist sich bewusst, dass Entscheidungen, die eventuell zwar den Quartalsabschluss optimieren, für das langfristige Überleben der Unternehmung die absolut falsche Vorgehensweise darstellen können. Leider gibt es immer mehr **Manager** in den großen Unternehmungen, was aufgrund der Ausführungen in Kapitel 4 – Wohlfahrt und Wohlstand – nachvollziehbar, aber aus Sichtweise der nächsten Generationen absolut inakzeptabel ist.

Politiker als weitere wichtige Entscheidungsträger werden ihre Entscheidungen für die eigene Volkswirtschaft eher im Hinblick auf den nächsten Wahltermin abstimmen als mit den Auswirkungen ihrer Entscheidungen für die nächsten Generationen.

„Wir haben die Erde von unseren Eltern nicht geerbt, sondern wir haben die Erde von unseren Kindern nur geliehen." (Altes First Nation Sprichwort).

Auch bei sehr vielen Entscheidungen im Zusammenhang mit (Groß-)Investitionen überwiegt die kurzfristige Denkweise. Die meisten Entscheidungsträger interessiert bei Investitionen die Höhe des Investitionskapitals und wie dieses finanziert werden kann. In Relation zum totalen Geldabfluss dieser Investition während der Nutzungsdauer, sind die genannten Entscheidungsparameter aber ziemlich unwesentlich (siehe Keynote „Geldabflüsse bei Investitionen").

Abbildung 2: Geldflüsse bei einem Investitionsgut - Eigene Darstellung

Abbildung 2: Geldflüsse bei einem Investitionsgut - Eigene Darstellung

Aufgrund dieses Wissens über kurzfristige Fehlentscheidungen, wird der verantwortungsbewusste Unternehmer / Politiker jede relevante Entscheidung für die Unternehmung bzw. Volkswirtschaft immer unter kurz- und langfristigen bzw. generationsübergreifenden Aspekten beurteilen. Zudem wird eine mehrdimensionale Denkweise (siehe Keynote „Ganzheitliches Vorgehen"), welche die finanzorientierte, eindimensionale Denkweise ablöst, die Entscheidungen der Unternehmer in der Zukunft prägen (müssen).

Eine zusätzliche Dimension, welche die vorstehende Keynote noch ergänzen kann (muss), ist die regionale Ausrichtung der Volkswirtschaften. Es sollten wieder vermehrt regionale Produktionsketten aufgebaut werden, auch wenn diese nicht immer zu den niedrigsten Konsumentenpreisen führen. Aus Sicht der Gesamtkosten ist für die regionale Volkswirtschaft mit einer regionalen Ausrichtung langfristig eher mit einer Kostenoptimierung (weniger Arbeitslose, weniger Abwanderung, weniger Abhängigkeit und niedrigere Beschaffungskosten usw.) zu rechnen.

Ein Beispiel aus einer regionalen Volkswirtschaft aus der Schweiz:

Im Graubünden (Bergregion) werden jedes Jahr über 20.000 Rinder zur Schlachtbank geführt. Diese Rinder werden aber nicht im Bündnerland geschlachtet, sondern vorwiegend nach St. Gallen zum Schlachthof transportiert, dort geschlachtet und verarbeitet. Danach wird wiederum ein großer Teil des Fleisches zurücktransportiert in die Ursprungsregion der Tiere. Dieser Produktionsvorgang führt aufgrund der Ausnutzung der „Skaleneffekte" (niedrigere Stückkosten durch die Massenproduktion) zu tieferen Preisen für den Konsumenten auch im Bünderland, was sich auf den ersten Blick für die Konsumenten lohnt (sofern diese sich das Fleisch überhaupt noch leisten können).

Es könnte aber auch sein, dass die Konsumenten vorher im regionalen Prozess der Fleischverarbeitung beschäftigt waren und nun – nach der Auslagerung der Arbeitsprozesse in eine andere Region – arbeitslos sind. Die Gewinner solcher Strukturveränderungen sind meistens größere, überregionale Konzerne, welche mit den genannten Veränderungen ihre

Gewinne (zumindest kurzfristig) maximieren können. Die Folgekosten (Arbeitslose, Auswirkungen auf andere Branchen, Abwanderung, Schadstoffausstoß durch Transporte usw.) dieser beschriebenen Strukturveränderungen sind für die betroffenen Volkswirtschaften nur schwer zu quantifizieren, können aber ganze Regionen in „no future"-Gebiete verwandeln.

Die vorstehenden Ausführungen „pro regionale Wirtschaft" sind kein Votum gegen Import- und Exportgüter aus anderen Ländern oder Regionen, sondern ein Votum für eine intakte, regionale Wirtschaft, die so ihre Konkurrenzfähigkeit erhält oder verbessert.

6. Klimawandel

Der IPCC (www.ipcc.com) – Intergovernmental Panel on Climate Change: Zwischenstaatlicher Ausschuss für Klimaveränderungen, auch als „Weltklimarat" bezeichnet –, zu dessen Hauptaufgaben u.a. die Beurteilung der Risiken der globalen Erwärmung gehört, hat folgende, wissenschaftlich belegte Grafik (Keynote) veröffentlicht:

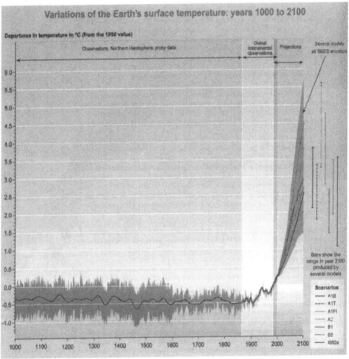

Abbildung 3: Temperaturveränderungen Erdoberfläche

Quelle: www.ipcc.com

Wie aus den gesammelten Daten des IPCC hervorgeht, ist weltweit mit einem durchschnittlichen Temperaturanstieg zwischen 1,5 und 5,5 Grad Celsius im abgebildeten Zeitraum zu rechnen. Folgende weitere wichtige Fakten gehen aus den bisherigen Berichten hervor:

Die Variationen in den dargestellten Temperaturunterschieden beruhen auf der Annahme von unterschiedlichen Verhaltensmöglichkeiten der Menschheit. Wenn alle bis heute bekannten, sinnvollen Maßnahmen weltweit umgesetzt würden und die Umwelt / Natur ihren gewohnten Beitrag zur Selbstregeneration leisten würde, ist mit einem minimalen durchschnittlichen Temperaturanstieg bis 2100 von 1,5 Grad zu rechnen. Weiter geht aus den Berichten hervor, dass nicht der Temperaturanstieg das größte Problem darstellt, sondern die Extremwerte der maximalen Hitze und der maximalen Kälte.

Diese Extremwerte führen zu verstärkten Windbewegungen, die mit größter Wahrscheinlichkeit einer der Gründe für die bereits eingetretene Veränderung in der Fließrichtung einzelner Meeresströme sind (World Ocean Review). Weiter ist mit massiven Ernteausfällen aufgrund von Dürren und einer Ausdehnung der Wüsten zu rechnen. Solche Dürren können massive Konflikte (mit-)auslösen, wie das Beispiel des Konfliktes in Ägypten 2013 zeigte. Diese vom IPCC zusammengestellten Resultate können nicht vorstellbare Folgen für die Gesellschaft, die Staaten und für jeden Einzelnen von uns haben. Diese Fakten werden auch im Risikomanagement von großen Versicherungskonzernen (Klimaveränderung und Risikomanagement der Swiss RE, 2013, Germanwatch Klima Risiko Index) festgehalten.

Auch nicht wirklich beruhigend sind die Ausführungen in den IPCC-Berichten zu Krankheitserregern, welche im „ewigen" Eis der beiden Erdpole über Jahrhunderte gebunden waren und durch die Erwärmung freigesetzt werden.

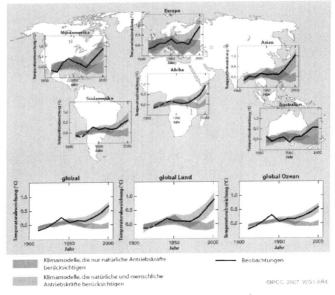

Abbildung 4: Globale und kontinentale Temperaturveränderungen

Quelle: www.ipcc.com

Die vorstehende Grafik unterstreicht die Tatsache, dass die Klimaveränderung eine weltweite Herausforderung darstellt und es sehr viel Sinn macht, gemeinsame Lösungen auszuarbeiten, umzusetzen und zu kontrollieren. Wie lange hat die Menschheit noch Zeit, um über den Klimawandel zu sprechen und zu forschen?

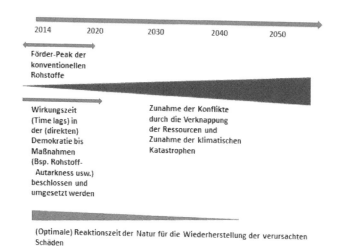

Abbildung 5: Peak Rohstoffe und Reaktionszeit Umwelt - Eigene Darstellung

Der Peak (= maximale Fördermenge) der konventionellen Agrar- und Industrierohstoffe ist zwischen 2010 und 2015 erreicht (Ganser, 2012).

Bemerkungen:

China hat eine sehr viel kürzere Wirkungszeit bei der Umsetzung von Maßnahmen für die Veränderungen der allfällig nötigen Strukturanpassungen seiner Volkswirtschaft. Der Grund hierfür ist die chinesische Interpretation der Demokratie. Diese kurze Wirkungszeit und ein klare, vom chinesischen Staat gesteuerte Ressourcenstrategie sind im internationalen Handel ein wesentlicher Vorteil in der Gegenwart, aber vor allem in der (nahen) Zukunft.

7. Preisentwicklung der Agrar- und Industrierohstoffe

Anhand des endlichen Rohstoffes Erdöl kann die absehbare Preisentwicklung der wichtigsten Agrar- und Industrierohstoffe aufgezeigt werden – Angebot < Nachfrage.

Der Peak (= das Maximum) der weltweiten Fördermengen der konventionellen Rohstoffe wurde bzw. wird in den Jahren 2005 bis 2015 erreicht. Danach erhöht sich die Fördermenge der konventionellen Rohstoffe nicht mehr!

Die Nachfrage nach Erdöl wird sich in den nächsten fünf bis zehn Jahren mindestens verdreifachen! (Weltweite Wachstumsraten vor allem der BRICS-Staaten, Brasilien, Russland, Indien, China und Südafrika).

Buchtipp:

Europa im Erdölrausch, Daniele Ganser

ISBN-13: 978-3280054741

Weitere Fakten unter www.unep.org (The International Resource Panel).

Selbstverständlich kann darauf gehofft werden, dass wir noch weitere Rohstoffvorkommen auf der Erde (Beispiel: Antarktis) oder auf anderen Planeten finden oder neue Förderungstechniken entwickeln werden. Ob diese Hoffnung die (horrenden) Preissteigerungen für Industrie- und Agrarrohstoffe zu stoppen vermag, kann aufgrund der anfallenden Kosten für die Förderung und der für die Entwicklung von neuen Techniken benötigten Zeit usw. doch angezweifelt werden.

7.1. Chinesischer Ölverbrauch

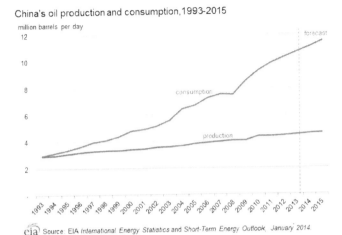

Abbildung 6: Chinesische Ölproduktion und chinesischer Ölverbrauch

(Energy-EIA-Short-Term-Outlook, 2014)

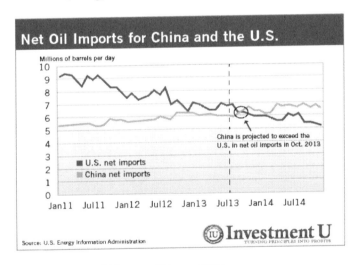

Abbildung 7: Netto-Öl Importe China und USA

Die BRICS-Staaten (Brasilien, Russland, Indien, China und Südafrika) haben ihren Erdölverbrauch in den letzten zehn Jahren massiv gesteigert. Die vorstehenden Abbildungen zeigen diesen Anstieg am Beispiel von China.

7.2. Rohstoffindex Entwicklung
von 1947 bis 2011

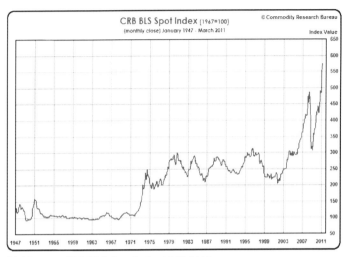

Abbildung 8: CRB BLS Spot Index 1947-2011

www.crbtrader.com

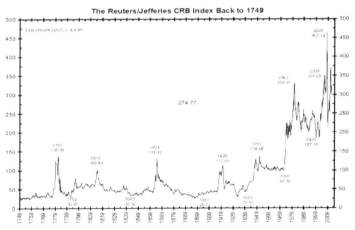

Abbildung 9: CRB BLS Spot Index 1749 -2009

www.crbtrader.com

Der CRB BSL Spot Index zeigt die Preisentwicklung der wichtigsten Agrar- und Industrierohstoffe bzw. von deren Wertpapieren auf. Folgende Zahlen zur Preisentwicklung dieser Rohstoffe hat die zuständige EU-Kommission (Vorsitz Gerbrandy, Belgien) festgehalten:

- 100 Jahre (1870 – 1970) sind diese Rohstoffpreise stabil geblieben bzw. gesunken.
- In den folgenden 30 Jahren (1970 – 2000) haben sich diese Rohstoffpreise verdoppelt.
- In den letzten 10 Jahren (2001 – 2012) haben sich diese Rohstoffpreise z. T. fast verdreifacht. In den nächsten 8 Jahren (2012 – 2020) werden sich diese Rohstoffpreise mit größter Wahrscheinlichkeit mindestens verzehnfachen.

Folgendes Maßnahmenpaket hat die EU-Kommission ausgearbeitet und dem EU-Parlament zur Verabschiedung weitergeleitet:

1. Sekundärressourcen durch Recycling oder Downcycling vermehrt einsetzen und günstiger wiederaufbereiten.
2. Ressourcen-effiziente Innovationen bei Gütern.
3. Ressourcen-effizientes Design bei Gütern.
4. Klare Ziele und Kennzahlen, um den Fortschritt abbilden und kontrollieren zu können.
5. Zusammenarbeit aller EU-Staaten.

7.3. Auswirkungen und Strategien gegenüber der Preisentwicklung bei Rohstoffen

- Eventuell steigt der Preis je Barrel Rohöl.
- Eventuell steigen die Konzerngewinne der Erdölgesellschaften.
- Eventuell wird (noch) mehr Geld für die Förderung eingesetzt.
- Eventuell fehlt das Geld, welches im Erdölloch für die massiv steigenden Förderungskosten versickert, in anderen Bereichen der Volkswirtschaft und in einzelnen Ländern.
- Eventuell macht es Sinn, unter Berücksichtigung des zweiten „Gossenschen" Gesetzes (Optimierung des Gesamtnutzens), die Gelder in andere Möglichkeiten der Energiegewinnung zu investieren.
- Eventuell gibt es Nationen, die wegen des Erdöls einen Krieg beginnen oder schon begonnen haben.
- Eventuell macht es Sinn, als Unternehmung, als Staat und als Haushalt, nicht mehr vom Erdöl abhängig zu sein.

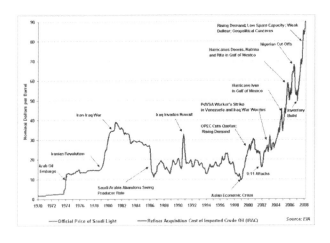

8. Wieso reagiert der Mensch nicht?

Der Harvard-Psychologe Daniel Gilbert (z-u-g@Zukunft-und-Grenzen.de) hat die Passivität gegenüber den nötigen Maßnahmen zur Bekämpfung des Klimawandels (Kapitel 6) mit folgenden psychologischen Phänomenen begründet:

1. Der Erderwärmung fehlt ein Schnurrbart, damit diese wahrgenommen würde! So ist die Erderwärmung nur ein konturenloses Gesicht, das niemand wahrnimmt! Wäre der Klimawandel das Werk eines brutalen Diktators, er wäre in aller Munde!
2. Würde der Klimawandel kleine Kätzchen verschlingen, wären Millionen von Demonstranten auf der Straße!
3. Die Fähigkeit (z. B. Zähne putzen) gegen zukünftige Gefahren (z. B. Rechnungen für Zahnreparaturen, mögliche Schmerzen bei den Reparaturen usw.) vorzubeugen, ist noch sehr jung und übersteigt die individuellen Fähigkeiten vieler Menschen.
4. Stiege die Klimaerwärmung schlagartig an, wäre längst etwas unternommen worden. Die Erderwärmung ist eine tödliche Bedrohung, gerade weil sie im menschlichen Gehirn keinen Alarm auslöst. Sie lässt uns ruhig weiterschlafen, obwohl unser Bett längst in Flammen steht.

Fazit: Ein Mensch kann sehr klug sein, viele Menschen können sehr dumm sein! Gilbert hat mit seinen Beispielen klar aufgezeigt, dass die Notlage sehr groß sein muss, damit die Menschheit auf die Problematik der Klimaerwärmung und der steigenden Ressourcenpreise reagiert. In der Medizin werden drei Handlungsalternativen als Reaktion auf ein mögliches Krankheitsbild beschrieben:

1. Vorbeugen – Prophylaxe, z. B. Einsatz von Zahnseide

==> bei sinnvollem Einsatz am kostengünstigsten.

2. Agieren – z. B. Zahnkontrolle und eventuelles Reparieren eines Loches durch eine Zahnfüllung bei Karies.

==> Die Kosten hierfür sind garantiert höher als die für die wenigen Rollen Zahnseide und die für die Reinigung der Zähne eingesetzte Zeit.

3. Reagieren – z. B. Wurzelbehandlung oder Ziehen des Zahnes mit entsprechendem Zahnersatz usw.

==> Die Kosten steigen nochmals erheblich und die Schmerzen wohl auch, wobei es für die Schmerzen ja Spritzen gibt ... Die Nichtbehandlung des kranken Zahnes führt normalerweise zu gravierenden, gesundheitlichen Schäden. Somit stellt die Nichtbehandlung wohl keine sinnvolle langfristige Handlungsalternative dar. Die gleichen Handlungsalternativen stehen gegenüber dem Klimawandel, der Ressourcenproblematik und der Umweltverschmutzung zur Verfügung. Jeder Einzelne von uns kann mitentscheiden, wann, wie, mit welcher Überzeugung und mit welchen Folgekosten er einsteigen möchte ... (randomhouse.com/kvpa/gilbert)

9. Können menschliche Kulturen untergehen?

Der amerikanische Professor für Geografie und Physiologie, Jared Diamond (Diamond, 2014), hat in verschiedenen Werken folgende ökologischen Gründe für das Ende von menschlichen Kulturen zusammengetragen:

Bisherige Gründe:

* Entwaldung und Zerstörung der Waldfauna
* Bodenerosionen und Bodenunfruchtbarkeit durch Übernutzung
* Probleme mit der Wasserbewirtschaftung
* Übermäßige Jagd
* Übermäßige Befischung
* Einschleppung von fremden Pflanzen und Tieren
* Übermäßiges Bevölkerungswachstum
* Steigender Ressourcenverbrauch, pro-Kopf-Effekt

Neuere Gründe:

* Politische Instabilität oder Passivität
* Soziale Gründe
* Glaubensgründe
* Klimawandel
* Umweltgifte (CO_2)
* Energieknappheit

Für die meisten (führenden) Volkswirtschaften in der heutigen Weltwirtschaft sind die genannten Gründe wie eine Checkliste, deren einzelne Punkte nach und nach abgehakt bzw. erfüllt werden. Auch skizzieren die Aufstellungen von Diamond den aktuellen, akuten Handlungsbedarf aus einem anderen Blickwinkel heraus. Weiter hat Diamond folgende Krisen für das 21. Jahrhundert in seinen Werken herausgestellt:

1. Wachsende Umweltzerstörung

==> siehe u. a. Kapitel 6

2. Zunehmende Gesetzlosigkeit

==> Die neuen Technologien der ICT (Information and Communication Technology), die wachsenden grenzüberschreitenden Finanzströme und die multinationalen Großkonzerne bräuchten dringend neue, weltumgreifend gültige Gesetze, welche auch umgesetzt und kontrolliert werden.

3. Verzweiflung und Apathie unter der Bevölkerung

==> Was nützt es, wenn ich alleine etwas unternehme? Die Entscheidungsträger der Staaten und der multinationalen Unternehmungen machen eh was sie wollen.

==> Es ist bequemer nur nach sich zu schauen! Diese Krisen sind gleichzeitig und in kleinen Fortschritten zu korrigieren, ansonsten können sie die genannten Gründe für den Untergang einer Kultur noch verstärken und beschleunigen.

Buchtipp:

Kollaps: Warum Gesellschaften überleben oder untergehen

Jared Diamond und Sebastian Vogel (Diamond, 2014)

10. Exkurs – Energiewende – Gedanken und Fakten

Die viel diskutierte Energiewende ist hochkomplex, vielschichtig und hat größte (langfristige) Auswirkungen auf die Umwelt und die Menschheit. Ca. 80 % der Umweltprobleme sind Energieprobleme (Quelle: Deutsches Bundesministerium für Umwelt, www.bmu.de).

Atomkraftwerke lösen jedes Energieproblem! 80 % der Umweltprobleme sind Energieprobleme! Ob, wie abgebildet, mehr, stärkere und größere AKWs die Energieprobleme lösen, darf zumindest langfristig aufgrund der ungelösten Entsorgungsproblematik der verwendeten Rohstoffe und der Energiewerke stark angezweifelt werden.

Die konsequente Umsetzung der Energiewende zieht zwangsläufig einen Systemwechsel nach sich: von der zentralen zur dezentralen Energiegewinnung und von der Energieverschwendung zur Energieeffizienz. Dieser nötige Systemwechsel würde von einer massiven Umverteilung der Gewinne aus der Energiegewinnung und –verteilung begleitet. Diese Umverteilung wird massive Änderungswiderstände bei den Energiekonzernen und deren Besitzern auslösen, da diese die großen Gewinner des bestehenden Systems sind.

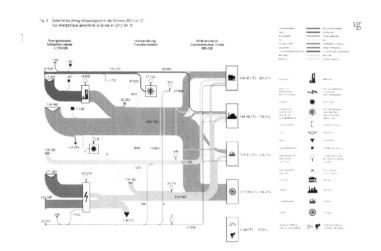

Energieflussdiagramm der Schweiz 2013

www.bfe.admin.ch, 2014

Bei der Betrachtung des Energieflusses in der Schweiz tauchen folgende Fragen auf: Von welchen Konzernen und Staaten ist die Schweiz bei Importen und Exporten von Energie bzw. Energieträgern abhängig? Was sind die Kosten für die Leitungs- und Netzverluste des vorhandenen Systems? Was sind die Kosten für den Unterhalt der Leitungen und der Netzwerke?

Wie hoch sind die Kosten für die Entsorgungen am Ende der Nutzungsdauer der Energiewerke, der Netzwerke und der Energieträger? Wie sehen die Umweltbelastung und die daraus entstehenden Kosten bei der Gewinnung der Energieträger aus? Wie hoch sind die Kosten bei der Umwandlung der

35

gewonnenen Energie auf die benötigte Frequenz des Verbrauchers? Wer erhält die Gewinne im aktuellen Energiesystem?

Einige Antworten auf diese Fragen werden in den folgenden Ausführungen aufgezeigt. Auf einige der Fragestellungen gibt es keine schlüssigen Antworten bzw. liegen keine schlüssigen Fakten vor.

10.1. Endverbrauch der Energieträger in der Schweiz

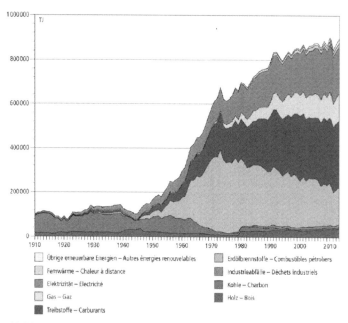

Abbildung 12: Endenergieverbrauch der Schweiz 1910 - 2013 nach Energieträgern

www.bfe.admin.ch, 2014

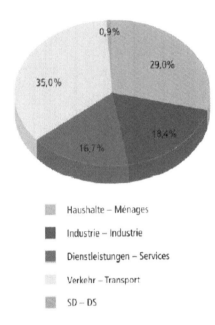

0,9%

29,0%

35,0%

18,4%

16,7%

Haushalte – Ménages

Industrie – Industrie

Dienstleistungen – Services

Verkehr – Transport

SD – DS

Abbildung 13: Aufteilung des Schweizer Endenergieverbrauchs nach Verbrauchergruppen (2013)

www.bfe.admin.ch, 2014

Die vorstehenden Abbildungen zeigen klar auf, wie groß die Abhängigkeit der Schweiz von den Energieträgern Elektrizität und Gas, von Treibstoffen und Erdölbrennstoffen ist. Weiter verdeutlicht die Grafik, dass sich der Verbrauch dieser Rohstoffe in der Schweiz seit dem 2. Weltkrieg fast verzehnfacht hat. (Ganser, 2012) (www.bfe.admin.ch, 2014)

Die Abbildungen belegen, dass die Probleme, die aus dem Verbrauch der Energieträger entstehen (Verschmutzung, Landverbrauch, Ausstoß von Schadstoffen usw.) alle wesentlichen Sektoren der Schweizer Volkswirtschaft betreffen. Jeder Bewohner der Schweiz ist in verschiedenen Sektoren involviert und somit mehrmals als Verbraucher und

Entscheidungsträger mitverantwortlich für den übermäßigen Verbrauch von Energieträgern.

10.2. Abhängigkeiten der Schweiz vom Ausland bei zwei wichtigen Energieträgern

Die Abhängigkeit der Schweiz von den beiden Energieträgern Erdöl und Erdgas sieht wie folgt aus:

Erdöl:

- 43,3 % Afrika
- 24,5 % Russland
- 15,7 % Arabien
- 15,5 % Nordsee

Erdgas:

- 39,4 % Niederlande
- 37,5 % Russland
- 19,2 % Norwegen
- 4,0 % Afrika

Ganser, 2012, www.bfe.admin.ch, 2014

Die Fakten zeigen ein klares Bild. Die nordafrikanischen Staaten und Russland liefern über 80 % des in der Schweiz benötigten Erdöls. Bei Erdgas ist die Abhängigkeit noch drastischer, denn das Erdgas aus den Niederlanden kommt ebenfalls zu einem sehr großen Teil aus Russland. Wird diese große Abhängigkeit der Schweiz von diesen Ländern ausgenutzt oder ausgespielt? Diese Frage kann niemand mit einem klaren NEIN beantworten.

Der Fall Tamoil in der Schweiz und die Erdgasproblematik in der Ukraine und in Russland als Beispiele lassen weitere Bedenken aufkommen. Leider scheint Erdgas aufgrund dieser Abhängigkeitsproblematik keine sinnvolle Rohstoffalternative zum Erdöl darzustellen, obwohl es von verschiedenen Schweizer Energiekonzernen als „der" zukünftige Rohstoff für Transportleistungen angepriesen wird.

Wie bereits in Kapitel 7 aufgezeigt, macht es sicher Sinn, die Abhängigkeit von diesen beiden Rohstoffen für Unternehmungen und Volkswirtschaften auf ein Minimum zu reduzieren.

10.3. Ursache – Wirkungen:

Energiesysteme heute

In den letzten 100 Jahren wurde Energie mehrheitlich zentral in Großwerken hergestellt und meist über Netzwerke und Umwandlungsstationen, welche den gleichen Unternehmungen gehörten, vertrieben. Diese Energieunternehmungen entstanden vor allem, um Skaleneffekte optimal ausnützen zu können. Außerdem konnten sich die Energieunternehmungen über dieses Geschäftsmodell eine Poligopol- oder Monopolstellung erarbeiten.

Wirkungen bei der Zentralen Energiegewinnung

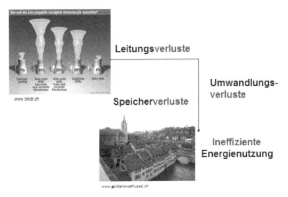

Abbildung 10: Wirkungen bei der Zentralen Energiegewinnung (IST)

Dies führte, wie fast immer bei diesen speziellen Marktkonstellationen, zu überhöhten Preisen und zu gesteuerten Produktions- und Abgabemengen, was wiederum den Gewinnmargen der Energieunternehmungen nicht abträglich war und ist (siehe „Verteilungskampf" in diesem Kapitel). Diese zentrale Energiegewinnung und die Verteilung über große, zusammengeschlossene Netzwerke generierte folgende Wirkungen, welche als Energieflussdiagramm bei der Einführung in diesem Kapitel im Detail dargestellt sind

Die Leitungsverluste im bestehenden System sind horrend. Es liegen diverse Großprojekte in Milliardenhöhe für Verbesserungen an den vorhandenen Leitungssystemen auf dem Tisch bzw. stehen in der Vernehmlassung der Großkonzerne und der betroffenen Regierungen. (Vernehmlassung ist eine v.a. in der Schweiz gebräuchliche Bezeichnung für eine Methode bzw. ein Verfahren der Willensbildung und Entscheidungsfindung in Non-Profit-Organisationen, NPO).

Die Speicherverluste in diesem System sind erheblich, können aber durch den Energiehandel mit dem Ausland mehr als nur kompensiert werden. Das Geschäftsmodell, mit dem die Speicherverluste mit Gewinn gedeckt werden können, sieht folgendermaßen aus:

In der Nacht wird billiger Strom aus dem Ausland importiert. Mit diesem billigen Strom wird Wasser in die Wasserspeicherwerke gepumpt und über den Tag verteilt wieder ins Tal gelassen, um damit Strom zu erzeugen, welcher mit einer (großen) Gewinnmarge im Ausland und in der Schweiz verkauft werden kann. Unter diesem Aspekt sollte auch der Ausbau der Stauseen im Grimselgebiet betrachtet werden. Ob der „Grimsel-Ökostrom" dann wirklich noch ökologisch sinnvoll ist, wäre genau zu prüfen. Die Umwandlungsverluste vernichten ca. ein Fünftel der Energie, die für die Schweiz im In- und Ausland gewonnen wird.

Die ineffiziente Energienutzung der Endkonsumenten in den Haushalten und Unternehmungen ist ebenfalls erheblich.

10.4. Magisches Energiedreieck

Auf der Grundlage von Gesprächen mit Energiespezialisten, den Informationen aus Referaten zum Thema „Energie" und auf Basis einer wirtschaftlichen Denkweise ließe sich folgendes „magische" Energiedreieck für eine Volkswirtschaft entwickeln.

Das magische Energie-Dreieck

Versorgungssicherheit
- **kleine Klumpenrisiken**
- **wenig Abhängigkeiten**
- **keine Versorgungsengpässe**

Wirtschaftlichkeit
- **Einnahmen > Ausgaben**
- **Ansprechende Verzinsung des investierten Kapitals**
- **Hohe regionale Anteile an der gesamten Wertschöpfungskette**

Umweltverträglichkeit
- **tiefe Schadstoffrate**
- **wenig Flächenverbrauch**

Abbildung 14: Das magische Energie-Dreieck (Eigene Darstellung)

Dieses Energiedreieck basiert, wie bereits in Kapitel 10 formuliert, auf einer maximalen Energieeffizienz und einer dezentralen Energiegewinnung.

10.5. Energiesystem der Zukunft

Wie müsste ein zukünftiges Energiesystem aussehen, damit die Auswirkungen des alten, zentralen Energiesystems verbessert werden können und das „magische Energiedreieck" umgesetzt werden kann?

Energieeffizenz im Hochbau

Abbildung 15: Beispiel nachhaltiger Hochhausbau - Zentrum Montafon

www.creebyrhomberg.com, 2014

Das zukünftige Energiesystem müsste zum Teil neu gestaltet werden:

Behebung der falschen Wirkungen bei der Zentralen Energiegewinnung durch Minimierung oder Ausschaltung der Ursachen!

Keine **Leitungsverluste**

Keine **Umwandlungsverluste**

Minimale **Speicherverluste**

Dezentrale
(vor Ort)
Energiegewinnung in richtiger Frequenz und Menge

Effiziente Energienutzung

Abbildung 16: Dezentrale Energiegewinnung (Eigene Darstellung)

Die einzelnen Haushalte und Unternehmungen sind hochenergieeffizient (möglichst wenig oder gar keine Energie wird verbraucht).

Dies kann wie folgt erreicht werden: Hochenergieeffiziente Geräte und Maschinen

Bemerkungen:

- Das vorhandene Energielabel (A+++ bis C) für Geräte und Maschinen kann hier eine wertvolle Steuerungsgröße darstellen.
- (Inter-)Nationale Standards und Normen für Geräte, Batterien und Stromanschlüsse sind unbedingt anzustreben.
- Alle Gebäude brauchen nur noch ein Minimum an Energie.

46

- Maximale und doch ökonomisch und ökologisch sinnvolle Dämmungen, welche in der Region hergestellt bzw. wiederaufbereitet werden können.
- Bedarfsgerechte, flexible und hochenergieeffziente Beleuchtungs- und Belüftungssysteme (Wärme und Kälte).
- Intelligente Steuerungssysteme, welche den Energieverbrauch optimieren und den Nutzen für die Verbraucher steigern.
- Der neue Standard für „Nachhaltiges Bauen Schweiz" (siehe www.nnbs.ch) könnte für Gebäude ein wertvolle Steuerungsgröße darstellen.

Bemerkungen:

- Die 2000–Watt-Gesellschaft (www.2000watt.ch, 2015), welche vom Bund angestrebt wird, darf nur ein Etappenziel darstellen.
- Die Energieeffzienz rechnet sich nicht nur ökologisch, auch die ökonomischen und sozialen langfristigen Renditen können sich durchaus sehen lassen.
- Im Bereich der Dämmung sind neue Produkte bereits sehr erfolgreich im Einsatz. Die Produkte nennen sich „Green Roof" und „Green Wall". Diese beiden Produkte haben nicht nur hervorragende Dämmeigenschaften, sondern den schönen Nebeneffekt, dass die Natur wieder zurück in die Städte kommen kann und sehr viele Schadstoffe, welche die urbane Gesellschaft verursacht, gebunden werden. Siehe die Vision bzw. Animation auf der Homepage www.creebyrhomberg.com.

In Kanada ist seit dem 01.01.2012 ein Gesetz (www.reminetwork.com, 2014) in Kraft, das vorschreibt, dass die Dächer bei Neubauten mit einem „Green Roof" versehen werden müssen. Dieses Gesetz basiert auf einem mehrjährigen

Versuch mit „Green Roofs" in Toronto, der hervorragende Resultate erbrachte, was die Dämmung der Gebäude und die Schadstoffbindung in den Stadtvierteln betraf. Die Folge davon ist eine markante Verbesserung der Luftqualität in diesen Vierteln.

2. Die einzelnen Haushalte und Unternehmungen stellen die wenige Energie, welche die Haushalte noch brauchen, selber dezentral (vor Ort) in der richtigen Menge und Frequenz (möglichst keine Umwandlungsverluste) her. Hier sind die Möglichkeiten unbeschränkt und situativ für jedes Gebäude anzuwenden. Hier ein kleiner Auszug der bereits heute angewendeten Möglichkeiten:

- Wärmerückgewinnung (Maschinen, IT, Menschen usw.) in Gebäuden
- Wärme- und Energiegewinnung aus Restmaterialien (Beispiel: Holzpellets aus Sägespänen, Kartonpellets aus Schnittmaterial bei einer Verpackungsunternehmung usw.)
- Nutzung der Außenhülle von Gebäuden zur Energieherstellung (z. B. Solardachziegel, Photovoltaik-Panels als Teil des Daches usw.)

Bemerkung:

Wenn die Außenhülle gleichzeitig schützt und Energie herstellt, wird nur einmal Bausubstanz benötigt. Dies wiederum hat großen Einfluss auf das benötigte Investitionskapital und die Payback-Dauer. Dies hat wiederum große ökonomische und ökologische Folgen.

1. Nutzung von Erdwärme.
2. Rückgewinnung von Energie aus der Wärme von Produktionsanlagen und ICT-Anlagen (ICT = Information and Communication Technology).
3. Gewinnung von Energie aus dem Zufluss von Wasser und abfließendem Abwasser.

4. Nutzung von Kleinst-Windkraftwerken, welche auch bei minimalen Windgeschwindigkeiten kleine Mengen von Energie produzieren können.

5. Kleine Biogaskraftwerke für die Verwertung von Grün- und Essensabfällen. Diese Biogaskraftwerke sind aus ökononomischen Gründen meist als kleine, dezentrale Lösungen (Stadtviertel, Mehrfamilienhaus) vorzusehen. Die Vorteile der energieeffizienten Haushalte und Unternehmungen gegenüber dem heutigen Energiesystem sind erheblich.

- Minimierung der Leitungsverluste.
- Minimierung der Speicherverluste.
- Minimierung der Umwandlungsverluste.
- Minimierung der Klumpenrisiken (Ausfall von zentralen Kraftwerken, Verteilzentralen und Leitungen in Netzen usw.).
- Minimierung der Abhängigkeiten der einzelnen Haushalte und Unternehmungen.
- Minimierung der Beschaffungskosten der einzelnen Haushalte und Unternehmungen.

Auch für die regionale Volkswirtschaft sind Vorteile festzuhalten:

- Schaffung von Arbeitsplätzen durch die Realisierung der nötigen Änderungsinvestitionen und der ausgelösten Innovationswellen für die vorgängig beschriebene Umstellung. Diese Innovationen können sich durchaus zum Exportschlager entwickeln.
- Verhinderung der Abwanderung durch die Schaffung von Zukunftsaussichten in den Regionen.
- Minimierung der Folgekosten im Gesundheitswesen und bei der Entsorgung der Sonderabfälle.

- Verschönerung des Landschaftsbildes durch die Deinstallation der Oberleitungen usw.

Die Erneuerung des Energiesystems wird im Minimum die Zeit einer Generation (15 – 20 Jahre) in Anspruch nehmen. Die Kosten werden horrend sein, aber immer noch um ein Vielfaches kleiner ausfallen (siehe Kapitel 6 und 7) als wenn am bestehenden System festgehalten wird. Daneben werden die genannten volkswirtschaftlichen Chancen in der Zukunft enorme Einnahmequellen, auch für Randregionen, darstellen. Die vorhandenen Netzwerke können bis zur Umstellung genutzt und danach als Rückversicherung bei einem eventuellen Ausfall der dezentralen Energiesysteme eingesetzt werden.

Die bestehenden Energieunternehmungen brauchen dringend neue Geschäftsmodelle wie:

- Gesamtberatung der Endkunden in Energieeffizienz und dezentraler Energiegewinnung.
- Zurverfügungstellung des Know-Hows bei der Umsetzung von konkreten Maßnahmen zur Steigerung der Energieeffizienz und der dezentralen Energiegewinnung, zusammen mit bestehenden und neuen Partnern.
- Zurverfügungstellung von Speichermöglichkeiten für die dezentrale Energiegewinnung für Endkunden und Sicherung der Einspeisung der überschüssigen Energie in die lokalen Netze.
- Aufbau von Finanzierungsmodellen (Energie- und Anlagecontracting usw.) und Finanzierungsmöglichkeiten zusammen mit den (regionalen) Geschäftsbanken.

Nur so können die wegbrechenden und jahrzehntealten Geschäftsmodelle der Energiekonzerne wie:

- Zentrale Energiegewinnung
- Verteilung über die eigenen Netzwerke
- Umwandlung in die richtige Frequenzen

kompensiert werden.

Dieser beschriebene volkswirtschaftliche Strukturwandel bei den Schweizerischen Energiekonzernen wird durch die Energiemarktöffnung in der Schweiz im Jahr 2015 sicher noch beschleunigt.

Bemerkungen:

Große private Unternehmungen außerhalb der Energiegewinnung und Netzwerkbetreibung, wie Schneider Elektrik, ABB, Siemens usw., haben diese neuen, vorstehend erwähnten Geschäftsmodelle (teilweise) bereits umgesetzt.

10.6. Schönauer Stromrebellen

Wie eine solche dezentrale und autarke Energiegewinnung aussehen kann, zeigt die kleine Gemeinde Schönau im Schwarzwald in Deutschland. Die folgenden Fakten sprechen für sich:

Die Schönauer (2.500 Personen) Stromrebellen (www.ews-schoenau.de/, 2015)

1997:

- Ausstieg aus der Abhängigkeit von den Großkonzernen.

- Jedes Haus besitzt ein eigenes Doppelkraftwerk, welches Strom und Wärme erzeugt.

2014 – Stand in Schönau:

- 1.359 Photovoltaikanlagen
- 4 Großwindräder und über 100 Kleinwindräder
- 45 Biogaskraftanlagen
- 3 Wasserkraftwerke
- ca. 350 Doppelkraftwerke

Resultate Juli 2014:

- > 700 Millionen KWh
- > 190.000 Kunden beziehen den Strom von Schönau!!!
- über 90 neue Arbeitsplätze sind in Schönau seit dem „Ausstieg" entstanden.

Stromzusammensetzung 2014:

- 95,9 % regenerative Energien (davon 17,5 % EEG Strom in 2011)
- 4,1 % Kraft-Wärme-Kopplung
- Elektrizitätswerke Schönau: 10,5 g CO_2/kWh - Bundesdurchschnitt: 508 g CO_2/kWh
- 100 % Einsparung von Atommüll.

Vieles wurde sicher noch nicht optimal umgesetzt, aber die bereits realisierten Maßnahmen können wegweisend sein für die Entschärfung der Energieproblematik der Gegenwart und der Zukunft. Die Gemeinde Schönau hat den größeren Teil des „magischen Energiedreiecks" bereits umgesetzt. In der Schweiz haben verschiedene (Berg-)Regionen – wie das Toggenburg, das Diemtigtal und das Engadin – das ganze

Konzept oder Teile davon aufgenommen und die ersten Maßnahmen bereits umgesetzt.

Kritische Anmerkungen zu den in Schönau umgesetzten Maßnahmen können hinsichtlich der Umweltverträglichkeit (Flächenverbrauch usw.) gemacht werden und dazu, dass Schönau nun die Zentrale der Energiegewinnung für die umliegenden Gemeinden darstellt, was deren Abhängigkeit erhöht bzw. verschiebt und wiederum Leitungs- sowie Speicherverluste zum Thema werden lassen könnten. Das Thema Energieeffizienz (minus kWh) könnte auch noch verstärkt angegangen werden ...

Die Kirche in Schönau ist mit dieser Entwicklung mitgegangen und hat im Deutschen Kirchenbund so einiges ausgelöst ... Wenn der Deutsche Kirchenbund als drittgrößter Stromabnehmer in Deutschland auf Energieeffizienz und -gewinnung setzt, werden die Energiekonzerne einige Umsatzeinbußen in Kauf nehmen müssen. Wenn dann noch in deutschen Kirchen über Energieeffizienz und –gewinnung diskutiert wird, könnte dies noch einiges mehr auslösen.

(www.badische-zeitung.de, 2009)

Abbildung 17: Kirche Schönau

10.7. Alternative Rohstoffe zur Energiegewinnung – Sonne

Ein Lösungsansatz von vielen. Wind, Wasser und Verwertung von Abfällen und Wärme (Rückgewinnung, Fernwärme von Verbrennungsanlagen, Erdwärme) bieten eine Vielzahl von Möglichkeiten für die dezentrale Energiegewinnung! Die Sonne liefert 15.000 Mal mehr Energie als die Weltwirtschaft im Moment braucht (pvresources.com).

Vorteile der dezentralen Energiegewinnung aus dem Rohstoff Sonne im Vergleich zur heutigen zentralen, fossilen Energiegewinnung:

- geringe bzw. keine Speicherverluste
- geringe bzw. keine Leitungsverluste
- geringe bzw. keine Abhängigkeiten
- geringe bzw. keine Klumpenrisiken
- geringere bzw. keine Beschaffungskosten
- hohe Flexibilität bei der Einsetzung für kleine, dezentrale Kraftwerke.

Buchtipp:

Weltmacht Energie, Müller, Hennicke (Müller, 2006)

10.8. Verteilungskampf um die gigantischen Gewinne aus der Energiegewinnung und -verteilung

Der Strukturwandel weg vom Erdöl und der Atomenergie bzw. von der zentralen zur dezentralen Energiegewinnung wird mehr Arbeitsplätze generieren als der Weltwirtschaft durch die daraus resultierende Umstrukturierung verloren gehen. Diese Arbeitsplätze werden vorwiegend in den regionalen Volkswirtschaften entstehen, was den nicht zu unterschätzenden Nebeneffekt auslöst, dass diese „neuen" Arbeitsplätze die Abwanderung aus eben diesen Regionen verhindern können. Der große Nachteil beim Umstieg von der zentralen zur dezentralen Energiegewinnung wird sein, dass die vorhandenen Energiekonzerne die gigantischen Gewinne aus der Energiegewinnung und -verteilung mit vielen Gemeinden, Stadtvierteln, Haushalten und Unternehmungen teilen müssen.

Dies kann nebenbei wiederum einen sehr relevanten Impuls für die betroffenen, regionalen Volkswirtschaften bedeuten. Viele kleine, regional erzielte Gewinnanteile werden wiederum mehrheitlich in der Region eingesetzt werden. Dieser Strukturwandel wird ganz sicher nicht ohne Kampfansage und Strukturerhaltungsmaßnahmen der bestehenden Energiekonzerne und der betroffenen Staaten über die Bühne gehen.

Beispiel Deutschland:

Vier Energiekonzerne haben das Energiesystem fest im Griff. (Beträge in Mrd. Euro – Geschäftsjahr Umsatz / Reingewinn 2014 / Reingewinn 2010:

- **E.ON** 162,6 / -3,13 / 4,4 (www.eon.com, 2015)
- **RWE** 48,6 / 2,2 / 3,8. (www.rwe.com, 2015)
- **Vattenfall** 17,67 / -0,234 / 2,8 (corporate.vattenfall.com, 2015)
- **EnBW** 21,7 / 2,1 / 2,9 (enbw.ch, 2015)

Sie betreiben ineffiziente Kohle- und Atomkraftwerke und behindern den Umstieg auf erneuerbare Energie und die dezentrale Energiegewinnung mit allen Mitteln. In der Schweiz ist die Situation ähnlich einzuschätzen. Von den über 800 Energiekonzernen sind mehr als 80 % in staatlichem Besitz (Bund, Kanton, Gemeinden).

Diese Energiekonzerne haben die entsprechenden Staatsrechnungen über Jahrzehnte entlastet und eine verlässliche Einnahmequelle für das Staatsbudget dargestellt. Somit besteht für die meisten zuständigen Regierungsbeamten ein massiver Zielkonflikt: Umsetzung der Energiewende bei gleichzeitiger Erhaltung der staatlichen Energiekonzerne zur Sicherung der Einnahmequellen. Es wird interessant sein, wie die einzelnen Politiker mit diesem Zielkonflikt in der nahen Zukunft umgehen werden bzw. können.

11. Auswirkungen auf die Kosten einer Unternehmung

In den folgenden zwei Abbildungen werden die Auswirkungen von steigenden Kosten (Preisen) für Umweltabgaben, Energie und Rohstoffe anhand eines Preis-Mengen-Diagramms aufgezeigt.

Einfluss steigender Umwelt-Preise im Fix-Kostenbereich / O. Holstein 17.9.14

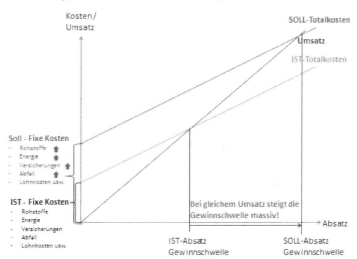

Abbildung 18: Einfluss steigender Umwelt-Preise im Fix-Kostenbereich (Eigene Darstellung)

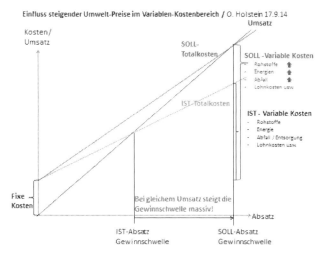

Abbildung 19: Einfluss steigender Umwelt-Preise im variablen Kostenbereich (eigene Darstellung)

Gleichgültig, ob die genannten Kosten in einer Unternehmung den Fixkosten und / oder den variablen Kosten zugeordnet werden, sind die Konsequenzen für die Zukunft der Unternehmung von großer Tragweite:

Konsequenz A: Es müssten deutlich höhere Stückzahlen verkauft werden, um die steigenden Kosten zu decken.

Konsequenz B: Es müssten bei anderen Kosten (Personalaufwand, Miete usw.) Einsparungen in Höhe der genannten Kostensteigerungen vorgenommen werden.

Konsequenz C: Die Endpreise gegenüber dem Konsumenten müssten in Höhe der genannten Kostensteigerung angehoben werden.

Konsequenz D: Die Unternehmung muss ihre Geschäftstätigkeit aufgeben, da die neue Kostensituation durch zu geringe Umsätze nicht mehr getragen werden kann.

Konsequenz E: Es müssen neue Geschäftsmodelle in der Unternehmung umgesetzt werden, damit diese genannten

58

Kostensteigerungen nicht zum Tragen kommen.

Hinweis: Band 2 dieser Reihe „Mit grünen Geschäftsmodellen nachhaltig schwarze Zahlen schreiben" zeigt Ihnen eine Vielzahl an neuen Geschäftsmodellen auf. In der Praxis ist natürlich eine Vermischung der genannten Konsequenzen möglich.

Um die Konsequenz D (Aufgabe der Unternehmung) zu vermeiden, kann der Staat mit Subventionen (Direktzahlungen) und / oder Staatseinkäufen zu erhöhten Produktpreisen in die Marktentwicklung eingreifen. Der Staat kann mit diesen Maßnahmen aber nur kurzfristig das Überleben der Unternehmung sichern (Strukturerhaltung).

12. Schlussbemerkungen

Der aufgezeigte Klimawandel und die Ressourcenknappheit bzw. -verteuerung erfordern neue Geschäftsmodelle für Unternehmungen, Haushalte und Volkswirtschaften (Staaten). Die Forderung nach neuen Geschäftsmodellen kann als Gefahr wahrgenommen werden, die möglicherweise viele Ängste bei allen Betroffenen auslöst. Als Reaktion auf diese Ängste werden diverse Maßnahmen zur Strukturerhaltung von Einzelpersonen, Unternehmungen und staatlichen Instanzen ergriffen werden. Solche Maßnahmen zur Strukturerhaltung verfehlen fast immer ihre Ziele und rechnen sich langfristig ökonomisch ganz selten bis nie.

Diese nötigen Strukturveränderungen lösen einen großen Verteilungskampf – wie in Kapitel 10, Abschnitt 8 beschrieben – aus. Die Forderung nach den (nötigen) Veränderungen kann als Chance beurteilt werden, die viele neue Geschäftsmodelle hervorbringen wird. Die neuen Geschäftsmodelle (New Economics) werden die regionale Wirtschaft wieder stärken und den (Rand-)Regionen neue Geschäftsfelder und -möglichkeiten eröffnen. Diese Umstrukturierungen der Volkswirtschaften brauchen viele Innovationen, welche für die beteiligten Personen motivierend und lebenserfüllend sein können.

Solche lebenserfüllenden Aufgaben gingen in den letzten 50 Jahren immer mehr verloren , da sehr viel Lebenszeit der einzelnen Menschen in die Optimierung und Reorganisation der bestehenden Geschäftsprozesse und -modelle investiert wurde. Neue Geschäftsmodelle entwickeln und die nötigen Innovationen dafür zu generieren ist wahrlich spannender, als bestehende Produkte und Prozesse zu optimieren. Packen wir es an und übergeben den nachfolgenden Generationen keine

Müllhalde, sondern einen wunderschönen und lebenswerten Planeten ERDE!

Oder, wie der Nobelpreisträger Prof. Dr. Lovins aufzählte:

1. Die Erde retten
2. Spaß dabei haben
3. Geld verdienen

Der Weg zur vollständigen Nachhaltigkeit ist sehr lang, wird aber viele spannende Lebensmomente generieren!

Bemerkung: Auf den Mond flog der Mensch auch nicht an einem Tag. Wenn die involvierten Personen nicht an die Vision der Mondlandung geglaubt hätten, wäre bis heute noch nie ein Mensch auf dem Mond gewesen! Wenn nicht viel für die Umsetzung einer Vision getan wird, wird die Vision auch nie in Erfüllung gehen. In Band 2 wird gezeigt werden, welche dreidimensionalen Ansätze es im Moment gibt, um dem Klimawandel und der anstehenden Ressourcenknappheit erfolgreich und nachhaltig zu begegnen. Vielen Dank für Ihre Aufmerksamkeit.

Vielen Dank, dass Sie die Inhalte dieses Buches in Ihrem Umfeld diskutieren. Vielen Dank, dass Sie mithelfen, den nötigen Strukturwandel zu unterstützen. Vielen Dank, falls Sie weitere Bände aus dieser Bücherreihe studieren.

„Setzen wir unsere Lebensenergie ein, um Lösungen für unsere Aufgaben zu finden und nicht, um noch mehr neue Probleme zu schaffen."

Glossar

Agrar- und Industrierohstoffe

Agrarrohstoffe werden von der lokalen oder internationalen Land-, Forst- und Fischereiwirtschaft geliefert. Industrierohstoffe aus anorganischen oder fossilen Rohstoffen werden vor allem als Bodenschätze im Berg- oder Tagebau gefördert. Folgende Rohstoffgruppen gilt es zu beachten:

Energierohstoffe:

Hierzu gehören fossile Rohstoffe wie Kohle, Erdöl und Erdgas und erneuerbare Energien wie Luft, Wasser und Sonne und Uran als Rohstoff zur Erzeugung von Kernenergie.

Chemische Rohstoffe:

Hierzu gehören Kalk und Salz.

Metallrohstoffe:

Diese werden aus Erzen gewonnen. Eisen, Aluminium, Kupfer und Stahl bilden die Grundstoffe für die Maschinen-, Schiff- und Autoindustrie. Gold, Silber und Platin sind für die Schmuckindustrie maßgebend. Diese Rohstoffe sind aber neben Kupfer, Zinn und Halbleitern auch die Grundlage für die ICT (Information and Communication Technology) und Elektroindustrie.

Bau- und Keramikrohstoffe:

Diese werden aus Gesteinen und Sedimenten gewonnen. Die wichtigsten Baustoffe sind Sand, Kies, Tonmineral, Kaolin und Werksteine. (Quelle: Wikipedia.org)

Downcycling

Wenn aus Abfallprodukten 90 % oder mehr für ein neues Produkt wiederverwertet bzw. aufbereitet werden können, wird dies als Recycling bezeichnet. Liegt dieser Wert (deutlich) darunter, wird dies Downcycling genannt. Beispiel: Aus einer PET-Flasche können bei optimaler Wiederaufbereitung ca. 40 % für die Herstellung einer weiteren, weißen PET-Flasche verwendet werden. Der Restabfall der PET-Flasche wird verbrannt oder teilweise geschreddert und für andere Produkte (Textilherstellung in China) verwendet.

Wichtig ist, dass bereits während der Forschungs- und Entwicklungsphase an die Downcycling-Phase gedacht wird. Die Vermischung der Rohstoffe in der Herstellungsphase verteuert die Wiederaufbereitung massiv. Die Trennung von verschiedenen Rohstoffen ist höchst kosten-, arbeits- und energieintensiv.

Die Folgen einer gefährlichen Abhängigkeit ...

88 Millionen Fässer Erdöl werden weltweit täglich verbraucht. Das entspricht dem Fassungsvermögen von 44 Supertankern. Woher kommt das Öl? Wie hat es die europäische Geschichte in den letzten 150 Jahren beeinflusst? Und vor allem: Warum geht es uns jetzt aus? Daniele Ganser, Peak-Oil-Experte und Friedensforscher (Ganser, 2012), legt die erste Gesamtdarstellung zu Europas Erdölabhängigkeit vor. Er schildert den Beginn der Erdölindustrie, das durch billige Energie angetriebene Wirtschaftswachstum, die Erdölkrisen der 1970er Jahre und die Hintergründe des andauernden, blutigen Kampfes um das Erdöl bis hin zu den jüngsten Kriegen im Irak und in Libyen.

Absoluten Neuigkeitswert hat Gansers Nachweis, dass beim konventionellen Erdöl weltweit bereits 2005 das Fördermaximum erreicht wurde. Für heiße Diskussionen werden auch seine Szenarien zur energiepolitischen Zukunft sorgen: Spitzt sich der globale Kampf ums Erdöl zu? Gelingt den Europäern die Wende hin zu 100 Prozent erneuerbaren Energien?

Konventionelle und nicht-konventionelle Rohstoffe

Die nachfolgenden Erklärungen und die Abbildung zeigen den Unterschied zwischen konventionellen und nicht-konventionellen Rohstoffen. Bei den nicht-konventionellen Vorkommen müssen mehrheitlich neue Fördermethoden entwickelt werden, was die Förderkosten massiv erhöhen wird.

Übersicht nicht-konventioneller Vorkommen

Bei den Kohlenwasserstoffen (KW) Erdöl und Erdgas ist eine Unterscheidung nach konventionellen und nicht-konventionellen Vorkommen üblich. Nicht-konventionelle Erdöle sind KWs, die entweder in der Lagerstätte nur bedingt oder nicht fließfähig sind. Dies können Schwerstöl oder Bitumen mit einem spezifischen Gewicht von über 1 g/cm³ sein. Oder Leichtöle, die auf Grund der Dichtheit des Speichergesteins nicht fließen können (Schieferöl, Erdöl in dichten Gesteinen). Im Fall von Ölschiefer liegt Erdöl erst in einem Vorstadium als Kerogen vor. (bgr.bund.de, 2015)

	Erdöl	Erdgas	Kohle
konventionell	Leichtöl Schweröl Kondensat	Freies Erdgas Erdölgas	Hartkohle Weichbraunkohle
nicht-konventionell	Schwerstöl Bitumen (Ölsand) Schieferöl (Ölschiefer)	Tight gas Schiefergas Kohleflözgas Aquifergas Gashydrat	

Abbildung 20: Klassifizierung fossiler Energieträger (bgr.bund.de, 2015)

Ressourcenautarkness

Möglichst wenig Ressourcen verbrauchen für die Herstellung der Güter und diese wenigen Ressourcen möglichst selber herstellen. Zur Erreichung dieses Ziels sind viele Überlegungen und Forschungen in der Phase des Produktdesigns nötig. Es müssen alle Phasen der Produktionskette, von der Rohstoffherstellung bzw. -förderung bis zur Entsorgung bzw. Wiedergewinnung der (Sekundär-)Rohstoffe in die Überlegung des Produktdesigns miteinbezogen werden.

Sekundärressourcen

Sekundärressourcen sind Agrar- und Industrierohstoffe, welche durch Aufarbeitung (Recycling, Downcycling) aus Abfällen gewonnen werden. Sie können ganz oder teilweise für die Herstellung von neuen Gütern verwendet werden.

Skaleneffekte

Die Skaleneffekte beschreiben das Abhängigkeitsverhältnis zwischen der Produktionsmenge und den eingesetzten Produktionsfaktoren bzw. den daraus entstehenden Kosten. Ein positiver Skaleneffekt wird erreicht, wenn die Erhöhung der Produktionsmenge größer ist als die Erhöhung der Kosten für die eingesetzten Produktionsfaktoren. Ziel der Ausnutzung der positiven Skaleneffekte ist es, die niedrigsten Produktionsstückkosten zu erreichen.

Umwandlungsverluste (zw-jena.de, 2015)

Nach Angaben der RWE für die Bundesrepublik Deutschland 1995 betrug der Primärenergieeinsatz 15.355 PJ (1 Mio. t SKE entsprechen etwa 30 PJ). Das ist die insgesamt im Jahr 1995 in der Bundesrepublik Deutschland aufgewendete Energiemenge. Bei der Umwandlung dieser Energie in andere Energieformen, insbesondere in Kraftwerken zur Erzeugung von Elektroenergie, traten Verluste in Höhe von 3.987 PJ auf. Das entspricht etwa 26 % des Primärenergieeinsatzes. Die am Ende beim Verbraucher tatsächlich verwendete Energie betrug 9.322 PJ. Aber auch beim Endverbraucher treten natürlich Verluste auf: 4.622 PJ. Das sind – bezogen auf die eingesetzte Primärenergie – immerhin weitere 30 %. Solche Verluste entstehen beispielsweise durch Stand-by-Schaltungen von Heimelektronikgeräten oder durch ineffiziente Kühlschränke, schlechte Wärmeisolierungen usw.

Buchtipps:

Warum Gesellschaften überleben oder untergehen – Jared Diamond - (amazon.de, 2015)

Die überwucherten Tempelruinen von Angkor Wat, die zerfallenden Pyramiden der Maya in Yucatan und die rätselhaften Moai-Statuen der Osterinsel – sie alle sind stille Zeugen einstmals blühender Kulturen, die irgendwann verschwanden. Doch was waren die Ursachen für ihr Verschwinden? **Jared Diamond** zeichnet in seiner erweiterten, faszinierenden wie hochaktuellen Studie die Muster nach, die dem Untergang von Gesellschaften (oder ihrem Überleben) zugrunde liegen, und zeigt, was wir für unsere Zukunft daraus lernen können.

Taschenbuch: 736 Seiten

Verlag: FISCHER Taschenbuch; Auflage: 2 (5. September 2011)

Sprache: Deutsch

ISBN-10: 3596192587

ISBN-13: 978-3596192588

Weltmacht Energie, Müller, Hennicke (amazon.de, 2015)

Wer die Energie hat, hat die Macht. Dieses Buch analysiert die zentrale Rolle, die Energie spielt – national und noch mehr in Bezug auf die Ordnung unserer Welt. Wie wird die Energieversorgung in Zukunft aussehen? Eine Energiepolitik nach dem Motto „Business as usual" wird in der immer schneller zusammenwachsenden Welt unfriedlich enden.

Der Appetit der größten Verbraucher wächst ungezügelt weiter. Neue, in Bezug auf den Energieverbrauch schnell wachsende Länder wie China oder Indien kommen dazu. Alle wollen billige Energie im angeblich freien, tatsächlich aber hochmonopolisierten Wettbewerb. Doch ohne ein Umsteuern sind gigantische Energiemultis, die Gefahr großer Umweltkatastrophen, riskante Stromausfälle, neue atomare Bedrohungen und explosive Kriege um knapper werdendes Öl und Erdgas der dafür zu zahlende Preis. Die Zeit drängt und auch ein entfesselter Energiemarkt hilft nicht weiter. Die Energieversorgung ist ein öffentliches Gut, das dauerhaft allen gerecht verteilt zur Verfügung stehen muss.

Deshalb braucht die Lösung der Energiefrage den gestaltenden Staat, eine engagierte Zivilgesellschaft, kreative Ingenieure, qualifizierte Arbeitnehmer und verantwortungsbewusste Energiemanager, um die drei Zukunftssäulen Energiesparen, Effizienzsteigern und erneuerbare Energien aufzubauen. Deutschland kann dabei eine Vorreiterrolle übernehmen. Wir stehen vor der Herausforderung, wie wir die Weltmacht Energie einsetzen wollen: für Frieden und Wohlstand im Zeichen der Demokratie oder für eine zunehmende Zerstörung der Welt. Dieses Buch zeigt, dass es Wege aus der Misere gibt. Entscheidend ist, die Weltmacht Energie zu demokratisieren. Dann können alle von ihr profitieren.

Gebundene Ausgabe: 279 Seiten

Verlag: Hirzel, Stuttgart; 2., Aufl. (1. Juli 2006) Sprache: Deutsch

ISBN-10: 3777613193

ISBN-13: 978-3777613192

Aus dem Gleichgewicht - Markus Braun (umweltforschung.ch, 2015)

www.umweltforschung.ch

Verrückte Ansichten zum Umweltschutz

Markus Braun

Verlag Simon Nomis, Schweiz

64 Seiten, 2008

ISBN 978-3-9521520-1-0

Sieben Gegenüberstellungen von Krankheitssymptomen und Umweltproblemen verrücken die gängige Sichtweise auf den Umweltschutz. Krankheitssymptome beim Menschen, wie etwa ein Kreislaufkollaps, Asthma oder Verdauungsprobleme, kann man als Ungleichgewichte der individuellen menschlichen Psyche deuten. Im vorliegenden Buch wird der Frage nachgegangen, ob Umweltprobleme – zum Beispiel die Klimaerwärmung, der Abbau der Ozonschicht oder die Verstädterung – Zeichen von Ungleichgewichten auf der kollektiven Ebene sind. Ein Buch, das uns zum Nachdecken veranlassen sollte. Ein interessanter Vergleich zwischen der Medizin und dem Umweltschutz.

Die Tretmühlen des Glücks - Matthias Binswanger (Binswanger, 2006) (mathias-binswanger.ch, 2015)

Wir haben immer mehr und werden nicht glücklicher. Was können wir tun?

Verlag: Herder Verlag

Erscheinungsjahr 2010

Auflage 5. A.

ISBN 978-3-451-05809-7

Seiten 224

Abbildungsverzeichnis

Literaturverzeichnis

(2006). In K. E., *Internat. Wirtschaftsbeziehungen* (S. S. 385 - 390).

amazon.de. (kein Datum). Von http://www.amazon.de/Kollaps-Warum-Gesellschaften-überleben-untergehen/dp/3596192587/ref=sr_1_3?s=books&ie=UTF8&qid=1381240058&sr=1-3 abgerufen

amazon.de. (April 2015). Von http://www.amazon.de/Weltmacht-Energie-Herausforderung-Demokratie-Wohlstand/dp/3777613193 abgerufen

amazon.de. (April 2015). Von http://www.amazon.de/Weltmacht-Energie-Herausforderung-Demokratie-Wohlstand/dp/3777613193 abgerufen

beforeitsnews.com/financial-markets/2013/09/. (kein Datum).

bgr.bund.de. (April 2015). Von http://www.bgr.bund.de/DE/Themen/Energie/Projekte/laufend/NIKO/FAQ/faq_inhalt.html abgerufen

Binswanger, M. (2006). *Die Tretmühlen des Glücks - ISBN-13: 978-3451058097*. Verlag Herder.

Braun, M. (2008). *Aus dem Gleichgewicht - ISBN 978-3-9521520-1-0*. Simon Nomis, Schweiz.

corporate.vattenfall.com. (April 2015). Von http://corporate.vattenfall.com/globalassets/corporate/investors/annual_reports/2014/annual-and-sustainability-report-2014.pdf abgerufen

crbtrader.com. (kein Datum).

Diamond, J. (2014). *Kollaps, Warum Gesellschaften überleben oder untergehen* . Amazon Media EU S.à r.l. : Fischer E-Books; Auflage: 1 (20. November 2014).

enbw.ch. (April 2015). Von https://www.enbw.com/media/downloadcenter-konzern/geschaeftsberichte/jahresabschluss-des-enbw-konzerns-2014.pdf abgerufen

enbw.com. (kein Datum). Von https://www.enbw.com/media/downloadcenter-konzern/geschaeftsberichte/ abgerufen

Energy-EIA-Short-Term-Outlook. (2014). *EIA-Short-Term Energy Outlook.*

Ganser, D. (2012). *Europa im Erdölrausch.*

http://commons.wikimedia.org/wiki/File:Syncrude_mildred_lake_plant.j pg. (kein Datum).

http://future.arte.tv/de/thema/akw-rueckbau-zu-welchem-preis. (kein Datum).

http://www.20min.ch/schweiz/dossier/atomenergie/story/Zu-wenig-Geld-fuer-AKW-Rueckbau—20994149. (kein Datum).

http://www.unet.univie.ac.at. (2014). Von http://www.unet.univie.ac.at/~a8502196/Wirtschaftskrise-Dateien/GOLD_INDIKATOR.pdf abgerufen

mathias-binswanger.ch. (April 2015). Von http://www.mathias-binswanger.ch/index.php/die-tretmuehlen-des-gluecks-wir-haben-immer-mehr-und-werden-nicht-gluecklicher-was-koennen-wir-tun-99 abgerufen

Müller, P. H. (2006). *Weltmacht Energie. Herausforderung für Demokratie und Wohlstand.* Hirzel, S; Auflage: 2., Aufl. (1. Juli 2006): Hirzel, S; Auflage: 2., Aufl. (1. Juli 2006).

pvresources.com. (kein Datum). Von http://www.pvresources.com/ abgerufen

randomhouse.com/kvpa/gilbert. (kein Datum).

umweltforschung.ch. (April 2015). Von http://www.umweltforschung.ch/Buch/buch.html abgerufen

www.2000watt.ch. (2015). Von http://www.2000watt.ch/ abgerufen

www.badische-zeitung.de. (Oktober 2009). Von www.badische-zeitung.de: http://www.badische-zeitung.de/schoenau/sonniges-schoepfungsfenster--21053803.html abgerufen

www.bfe.admin.ch. (2014). Von
www.bfe.admin.ch/php/modules/publikationen/stream.php?extlang...
abgerufen

www.creebyrhomberg.com. (2014). Von
http://creebyrhomberg.blogspot.ch/ abgerufen

www.eon.com. (April 2015). Von
http://www.eon.com/de/investoren/kennzahlen/gewinn-und-
verlustrechnung.html abgerufen

www.ews-schoenau.de/. (2015). Von http://www.ews-schoenau.de/
abgerufen

www.fairplay-stiftung.ch. (kein Datum).

www.ipcc.com. (kein Datum).

www.reminetwork. (2014). Von
https://www.reminetwork.com/articles/toronto-a-leader-in-green-
roof-industry/ abgerufen

www.rwe.com. (April 2015). Von
http://www.rwe.com/web/cms/mediablob/de/2696790/data/269679
8/4/rwe/investor-relations/RWE-Geschaeftsbericht-2014.pdf
abgerufen

www.swisscleantech.ch. (kein Datum).

www.swissquote.ch. (kein Datum).

www.umweltforschung.ch. (kein Datum).

www.unep.org. (kein Datum).

z-u-g@Zukunft-und-Grenzen.de. (kein Datum).

zw-jena.de. (April 2015). Von http://www.zw-
jena.de/energie/energiebilanz.html abgerufen

Kontakt

https://www.xing.com/communities/groups/eco-economics-oekologisch-wirtschaften-5f89-1043388

www.ecoeconomics.de

info@ecoecnomics.de

www.diplomero.com

➜ Kurs: Mit grünen Ideen nachhaltig schwarze Zahlen schreiben

Möchten auch Sie ein NACHHALTIGES Unternehmen ins Leben rufen oder NACHHALTIGER Wirtschaften? Dann lesen Sie weiter!

Das Buch zeigt auf, wie die „new eco economy" funktioniert und weist auf Chancen und Potenziale hin.

Die verschiedenen Ansätze zur Entwicklung von neuen, nachhaltigen Geschäftsmodellen aus Theorie und Praxis werden hier zu einem Gesamtmodell zusammengetragen.

Wenn Sie sich für Geschäftsmodelle und -innovationen einer nachhaltigen Wirtschaft interessieren, erfahren Sie die wichtigsten Ansätze und Beispiele aus der Praxis.

Printed in Great Britain
by Amazon